LIBRO RECOMENDADO

Jarosław Jankowski

¿Sabes quién eres?
Una guía por los 16 tipos de personalidad ID16™©

¿Por qué somos tan diferentes? ¿Por qué
asimilamos la información de forma distinta,
descansamos de otra manera, tomamos
decisiones de otra forma y organizamos
de manera diferente nuestra vida?

«¿Sabes quién eres?» te permitirá
comprenderte mejor a ti mismo y a los demás.
El test ID16™© incluido en el libro te ayudará
a determinar tu tipo de personalidad, ofreciéndote
una valiosa introspección.

Tu tipo de personalidad:

Presentador

(ESFP)

Tu tipo de personalidad:

Presentador
(ESFP)

JAROSŁAW JANKOWSKI

LOGOS MEDIA

Tu tipo de personalidad: Presentador (ESFP)

Esta publicación puede ayudarte a utilizar mejor tu potencial, a crear relaciones saludables con otras personas y a tomar buenas decisiones en lo relativo a la educación y la carrera profesional. Sin embargo, en ningún caso debería ser tratada como un sustituto de una consulta psicológica o psiquiátrica especializada. El autor y el editor no asumen la responsabilidad por los eventuales daños resultantes de un uso indebido de este libro.

ID16™© es una tipología de la personalidad original. No se la debe confundir con las tipologías y los test de personalidad de otros autores o instituciones.

Título original: Twój typ osobowości: Prezenter (ESFP)

Traducción del idioma polaco: Ángel López Pombero, Lingua Lab, www.lingualab.pl

Redacción: Xavier Bordas Cornet, Lingua Lab, www.lingualab.pl

Redacción técnica: Zbigniew Szalbot

Editor: LOGOS MEDIA

© Jarosław Jankowski 2018-2023

ISBN (versión impresa): 978-83-7981-212-7
ISBN (EPUB): 978-83-7981-213-4
ISBN (MOBI): 978-83-7981-214-1

Índice

Prólogo

Tu tipo de personalidad: Presentador (ESFP) es un extraordinario compendio de conocimiento acerca del *presentador*, uno de los 16 tipos de personalidad ID16^(TM©).

Esta guía es parte de la serie ID16^(TM©), formada por 16 libros dedicados a los diferentes tipos de personalidad. De forma exhaustiva y clara responden a las siguientes preguntas:

- ¿Qué piensan y sienten las personas que pertenecen a un determinado tipo de personalidad? ¿Cómo toman las decisiones? ¿Cómo solucionan los problemas? ¿De qué tienen miedo? ¿Qué les irrita?

- ¿Con qué tipos de personalidad se relacionan y cuáles evitan? ¿Qué tipo de amigos, cónyuges, padres son? ¿Cómo los ven los demás?

- ¿Qué predisposiciones profesionales tienen? ¿En qué entorno trabajan de manera más efectiva? ¿Qué profesiones se corresponden mejor con su tipo de personalidad?

- ¿En qué son buenos y en qué deben mejorar? ¿Cómo deben aprovechar su potencial y evitar las trampas?

- ¿Qué personas conocidas pertenecen a un determinado tipo de personalidad?

- ¿Qué sociedad muestra más rasgos característicos de un determinado tipo?

En este libro también encontrarás la información más importante sobre la tipología ID16$^{TM©}$.

Esperamos que te ayude a conocerte mejor a ti mismo y a los demás.

EDITORES

ID16™© entre las tipologías de personalidad de Jung

ID16™© pertenece a la familia de las denominadas tipologías de personalidad de Jung, que hacen referencia a la teoría de Carl Gustav Jung (1875 – 1961), psiquiatra y psicólogo suizo, uno de los principales representantes de la denominada psicología profunda.

Sobre la base de muchos años de estudio y observación, Jung llegó a la conclusión de que las diferencias en las actitudes y las preferencias de las personas no son casuales. Creó la división, bien conocida hoy en día, entre extrovertidos e introvertidos. Además, distinguió cuatro funciones de la personalidad, que forman dos pares de factores contrarios: percepción – intuición y pensamiento – sentimiento. Estableció también que en cada una de estas parejas domina una de las funciones. Jung llegó a la convicción de que las funciones dominantes de cada persona son permanentes e independientes de las condiciones externas y que su resultante es el tipo de personalidad.

En el año 1938 dos psiquiatras estadounidenses, Horace Gray y Joseph Wheelwright, crearon el primer test de personalidad basado en la teoría de Jung, que permitía determinar las funciones dominantes en las tres dimensiones descritas por él: **extroversión – introversión**, **percepción – intuición** y **pensamiento – sentimiento**. Este test se convirtió en una inspiración para otros investigadores. En el año 1942, también en suelo americano, Isabel Briggs Myers y Katharine Briggs comenzaron a emplear su propio test de personalidad, ampliando el clásico modelo tridimensional de Gray y Wheelwright con una cuarta dimensión: **juicio – percepción**. La mayoría de las tipologías y test de personalidad posteriores, referidos a la teoría de Jung, también toman en consideración esta cuarta dimensión.

Pertenecen a ellas, entre otros, la tipología americana publicada en el año 1978 por David W. Keirsey, así como el test de personalidad creado en Lituania en los años 70 del siglo XX por Aušra Augustinavičiūtė. En las décadas posteriores, investigadores de diferentes partes del mundo fueron tras sus huellas. Ellos crearon otras tipologías con cuatro dimensiones y varios test de personalidad adaptados a las condiciones y necesidades locales.

A este grupo pertenece la tipología de personalidad independiente ID16™©, desarrollada en Polonia por el pedagogo y mánager Jarosław

Jankowski. Esta tipología, publicada en la primera década del siglo XXI, también se basa en la teoría clásica de Carl Jung. Al igual que otras tipologías de Jung contemporáneas, se inscribe en la corriente del análisis tetradimensional de la personalidad. En el marco de ID16™© estas dimensiones se llaman las **cuatro tendencias naturales**. Estas tendencias tienen un carácter dicotómico y su imagen proporciona información sobre el tipo de personalidad de la persona. El análisis de la primera tendencia tiene como objetivo determinar la **fuente de energía vital** dominante (el mundo exterior o el mundo interior). El análisis de la segunda tendencia determina la **forma dominante de asimilación de la información** (a través de los sentidos o a través de la intuición). El análisis de la tercera tendencia determina la **forma de toma de decisiones** dominante (según la razón o el corazón). El análisis de la cuarta tendencia determina, sin embargo, el **estilo de vida** dominante (organizado o espontáneo). La combinación de todas estas tendencias naturales da como resultado **16 posibles tipos de personalidad**.

La característica especial de la tipología ID16™© es su dimensión práctica. Esta describe los diferentes tipos de personalidad según se comportan en la acción: en el trabajo, en la vida diaria y en las relaciones con otras personas. No se concentra en la dinámica interna de la personalidad, ni tampoco intenta aclarar teóricamente procesos interiores e invisibles. Más bien se concentra en cómo un determinado tipo de personalidad se manifiesta al exterior y de qué forma influye sobre el entorno. Este acento en el aspecto social de la personalidad aproxima de cierto modo la tipología ID16$^{TM©}$ a la tipología de Aušra Augustinavičiūtė anteriormente mencionada.

Cada uno de los 16 tipos de personalidad ID16$^{TM©}$ es la resultante de las tendencias naturales de la persona. La inclusión en un determinado tipo no tiene, sin embargo, características evaluativas. Ningún tipo de personalidad es mejor o peor que los otros. Cada uno de los tipos es simplemente diferente y cada uno tiene sus puntos potencialmente fuertes y débiles. ID16$^{TM©}$ permite identificar y describir estas diferencias. Ayuda a comprenderse a uno mismo y a descubrir nuestro lugar en el mundo.

Conocer el perfil propio de personalidad permite a las personas aprovechar en su totalidad su potencial y trabajar en las áreas que pueden causarles problemas. Este conocimiento constituye una ayuda inestimable en la vida diaria, en la solución de problemas, en la creación de relaciones sanas con otras personas y en la toma de decisiones acerca de la educación y la carrera profesional.

La determinación del tipo de personalidad no es un proceso de carácter arbitrario y mecánico. Cada persona, como «propietario y usuario de su personalidad» es plenamente competente para determinar a qué tipo pertenece. Su papel en este proceso es, por lo tanto, crucial. Esta autoidentificación puede realizarse analizando las descripciones de los 16 tipos de personalidad y estrechando gradualmente el campo de elección. Sin embargo, se puede elegir un camino más corto: utilizar el test de personalidad ID16™©. También en este caso, el «usuario de la personalidad» tiene un papel primordial, ya que el resultado del test depende exclusivamente de las respuestas del usuario.

La identificación del tipo de personalidad ayuda a conocerse a uno mismo y a los demás; no obstante, no debería ser tratada como una profecía que predestina el futuro. El tipo de personalidad nunca puede justificar nuestras debilidades o nuestras malas relaciones con otras personas (¡aunque puede ayudar a comprender sus motivos!).

En el marco de ID16™© el tipo de personalidad no es tratado como un estado estático, genéticamente determinado, sino como la resultante de características innatas y adquiridas. Este enfoque no quita importancia al libre albedrío, ni tampoco pretende clasificar a las personas. Abre ante nosotros nuevas perspectivas que nos animan a trabajar sobre nosotros mismos, ya su vez estas perspectivas nos muestran las áreas en las que este trabajo es más necesario.

Presentador (ESFP)

TIPOLOGÍA DE PERSONALIDAD ID16™©

La personalidad a grandes rasgos

Lema vital: *¡Hoy es el momento perfecto!*

Optimista, enérgico y abierto a las personas. Es capaz de disfrutar de la vida y pasarlo bien. Práctico y al mismo tiempo flexible y espontáneo. Le gustan los cambios y las nuevas experiencias. Soporta mal la soledad, el estancamiento y la rutina. Se siente bien estando en el centro de atención.

Tiene unas capacidades interpretativas naturales y es capaz de hablar de una forma que despierta el interés y el entusiasmo de los oyentes. Al concentrarse en el día de hoy, a veces pierde de vista los objetivos a largo plazo. Suele tener problemas a la hora de prever las consecuencias de sus actos.

Tendencias naturales del *presentador*:

- Fuente de energía vital: mundo exterior.
- Asimilación de información: sentidos.
- Toma de decisiones: corazón.
- Estilo de vida: espontáneo.

Tipos de personalidad similares:

- *Defensor*
- *Artista*
- *Protector*

Datos estadísticos:

- Los *presentadores* constituyen el 8 -13% de la población.
- Entre los *presentadores* predominan las mujeres (60%).
- El país que se corresponde con el perfil de *presentador* es Brasil[1].

Código literal:

El código literal universal del *presentador* en las tipologías de personalidad de Jung es ESFP.

Características generales

Los *presentadores* son excepcionalmente optimistas y espontáneos. Disfrutan del momento presente y

---

[1] Esto no quiere decir que todos los habitantes de Brasil pertenezcan a este tipo de personalidad, sino que la sociedad brasileña, en su conjunto, tiene muchas características del *presentador*.

desean aprovechar plenamente la vida. Les encantan los cambios, las nuevas experiencias y las sorpresas. Cuando hacen algo ponen en ello todo su empeño. Les gusta estar allí donde pasa algo.

A los ojos de los demás

A los *presentadores* les gustan las personas y son capaces de disfrutar sinceramente de cada reunión y conversación. La esencia de sus relaciones interpersonales es la solicitud por los demás y el pasárselo bien con otras personas. Su optimismo, carácter abierto y capacidad para disfrutar de la vida causan la admiración de otras personas (no pocas veces hacen que también los demás empiecen a mirar el mundo de forma más positiva).

Normalmente rebosan energía y son el alma del grupo. Allí donde aparecen, con su comportamiento llaman la atención de las demás personas. En su compañía la gente se divierte a lo grande y se olvida de sus problemas. A veces tienen la impresión de participar en alguna representación. Los *presentadores* tienen un excelente sentido del humor y capacidades interpretativas naturales. Pueden comentar la realidad de forma extraordinariamente brillante y hablar de sus numerosas aventuras y peripecias. Cuando tienen oyentes, pueden hablar durante horas introduciendo diversas tramas secundarias y numerosas digresiones.

Los oyentes, aunque son conscientes de su tendencia a colorear y exagerar los hechos, los escuchan conteniendo la respiración. A menudo también envidian su interesante vida y su capacidad para disfrutar de cada día. En cambio, los propios *presentadores* experimentan una gran satisfacción al poder inculcar en las personas su optimismo, animarles a divertirse bien o inspirarles a actuar. Cuando participan en reuniones, a menudo adoptan el papel de moderadores y presentadores (de ahí el nombre de este tipo de personalidad), ya que se sienten perfectamente en el papel de anfitrión de reuniones y maestro de ceremonias.

Su interés por las personas, su aceptación y su simpatía sincera hacen que tengan buenas relaciones con la mayoría de las personas. Sin embargo, a algunos les irrita su estilo desenvuelto y despreocupado, y el hecho de que quieran atraer la atención del entorno y esperen continuamente reconocimiento y aceptación. Otros les acusan de ser superficiales, irresponsables e incapaces de reflexionar en profundidad sobre la vida.

A su vez, a los propios *presentadores* les irritan las personas que tratan la vida demasiado en serio. Les irritan también la pasividad, el pesimismo, la falta de entusiasmo y el marasmo. No soportan que se dé más importancia a la efectividad y el beneficio que a la felicidad de las personas. También les cuesta entender a los solitarios, que viven en su propio mundo y se apasionan por teorías abstractas o investigaciones filosóficas. A los *presentadores* les resulta difícil soportar una soledad prolongada (no sirven para ermitaños).

Entre las personas

Los *presentadores* son una fuente inagotable de noticias frescas, información actual y nuevos chistes (muchos se preguntan de dónde los sacan). Normalmente también saben qué le pasa a alguien. Sin embargo, esto no es consecuencia de una tendencia a escuchar chismes, sino de un interés sincero por las personas. Al sentir esto, los demás comparten de buen grado con ellos sus vivencias. Al hablar con *presentadores* las personas se sienten reforzadas y de mejor ánimo. Les hace bien el hecho de que alguien los haya escuchado con atención y haya comprendido sus experiencias; también les ayuda que el *presentador* haya verbalizado sus propios sentimientos. Los *presentadores* son unos excelentes confidentes, ya que se interesan sinceramente por los demás y son capaces de ponerse en su situación. También son unos excelentes oyentes y observadores de los comportamientos humanos.

Por lo general, aprovechan cualquier oportunidad para encontrarse con otras personas y divertirse en grupo. Normalmente no suelen faltar a las celebraciones familiares o reuniones de amigos. Las organizan ellos mismos de muy buen grado. Les cuesta renunciar al placer y a la oportunidad de pasar bien el tiempo. Incluso cuando tienen mucho trabajo son capaces de encontrar tiempo para hacer una visita a los amigos. También disfrutan siempre de las visitas inesperadas. El día de hoy es para ellos más importante que el futuro, y las personas más que el trabajo y las obligaciones. Normalmente aprovechan cualquier ocasión para celebrarlo: no dejan pasar cumpleaños, santos, aniversarios, etc. Con ocasión de las fiestas y circunstancias más importantes organizan de buen grado fastuosos encuentros.

Les gustan tanto la diversión y la fiesta que a veces se convierten por sí mismas en un objetivo para ellos. Suele ocurrir que, persiguiendo placeres, nuevas experiencias y experimentos, se descontrolan. Su tendencia al riesgo hace que a veces se expongan al peligro e incluso arruinen su salud o caigan en alguna dependencia.

Actitud

Los *presentadores* valoran mucho la libertad y la independencia (propia y de los demás) y son muy sensibles a cualquier forma de limitación de la libertad. No toleran el control excesivo, la unificación, la clasificación ni el hecho de ser tratados como piñones de una máquina. Valoran la individualidad de los demás y consideran que cada persona tiene un valor único y es insustituible.

Por lo general, no les interesan las teorías y conceptos abstractos, que no pueden aplicarse directamente en la vida que transcurre aquí y ahora. Prefieren moverse en el mundo de los datos concretos y los hechos tangibles. Les aburre tener que reflexionar sobre posibilidades hipotéticas y potenciales oportunidades y amenazas; raramente diseñan planes a largo plazo para el futuro. Por lo general les resulta extraña la idea de ahorrar dinero «para una época de vacas flacas» o «ahorrar para la jubilación». Más bien se centran en el día de hoy. Si tienen algunos fondos disponibles prefieren utilizarlos al momento.

Normalmente, también intentan evitar cualquier experiencia desagradable y se esfuerzan por no pensar en los aspectos tristes de la vida. Prefieren fijarse en su lado bueno. Su optimismo innato hace que vean el mundo de color rosa. Creen que todo es posible y no tienen miedo a los nuevos proyectos ni al riesgo que conllevan. Tampoco se desalientan ante los obstáculos y dificultades, es muy difícil desanimarlos.

Percepción y pensamientos

Los *presentadores* tienen un desarrollado sentido de la estética, imaginación espacial y habilidades artísticas. Se orientan bien en las nuevas tendencias, a menudo se interesan por la moda y sus hogares se distinguen por su buen estilo. Son capaces de amueblar y decorar el interior y elegir la decoración de tal forma que las habitaciones tengan un carácter cálido y acogedor. Suelen mostrar con más frecuencia que los demás habilidades culinarias y afición por el buen comer. Les gusta aprender cosas nuevas mediante la observación, los experimentos y la experiencia.

Por naturaleza son pragmáticos. Les interesa lo que pueden tocar, experimentar o probar. Les gustan las tareas prácticas. Ayudan de buen grado a los demás a resolver problemas concretos y tangibles. No escatiman tiempo ni energía en esto. Cuando se encuentran con problemas complejos y situaciones complicadas intentan simplificarlos a cualquier precio. Tienen además tendencia a tratarlos superficialmente y las soluciones que proponen suelen ser inadecuadas y provisionales (permiten librarse de los problemas o aplazarlos en el tiempo, pero no los resuelven). A los *presentadores* no les gustan las situaciones complicadas, ambiguas o poco claras. Les provocan una gran incomodidad. Su imagen del mundo es normalmente en blanco y negro, por eso cuando se encuentran con la realidad «gris» (en la que los blancos no son totalmente blancos ni los negros totalmente negros) a menudo recurren a las simplificaciones (por ejemplo, «blanquean» totalmente los blancos y «oscurecen» los negros).

Decisiones

Cuando toman decisiones, los *presentadores* piensan en su influencia sobre la vida de los demás. Las consultan de buen grado con los amigos y buscan la opinión del entorno. Normalmente se guían por el sentido común y se basan en hechos y datos concretos (no confían en la intuición y los presentimientos). Toman decisiones de forma bastante rápida. Normalmente no dedican demasiado tiempo a analizar todos los «pros» y los «contras». Saben valorar inmediatamente la situación y las posibilidades existentes y de elegir rápidamente la solución mejor y más razonable, según su opinión.

Les causan más problemas las decisiones que requieren prever sus consecuencias a largo plazo, pensar en el futuro y tener en consideración factores nuevos, no presentes actualmente (por ejemplo, potenciales amenazas que pueden presentarse en una perspectiva más amplia). Se desenvuelven bastante mejor con decisiones relativas a asuntos corrientes, inmediatos, relacionados con problemas concretos y tangibles.

Pasión

A los *presentadores* les atrae todo lo que es nuevo, original y fresco: nuevos amigos, nuevas ideas, nuevos productos, nuevas experiencias, nueva moda... Normalmente se orientan bien en las tendencias actuales y conocen todas las novedades. A menudo son los primeros del grupo en enterarse de la apertura de nuevos restaurantes, clubes o pubes; están al día en cuanto a fiestas y conciertos programados o productos y ofertas introducidos en el mercado. En la vida les fascina el hecho de que cada día trae consigo algo nuevo y cada momento puede deparar alguna sorpresa. Por otro lado, les cansa la monotonía, el aburrimiento, la rutina y el estancamiento. Sin embargo, son capaces de encontrar algo excitante en cada situación y en cada tarea y se esfuerzan por introducir en cada trabajo algún elemento de diversión y atracción, para poder disfrutar con ello.

Por lo general, no les gusta la planificación. Prefieren esperar a ver qué depara el día y, en función del desarrollo de los acontecimientos, tomar las decisiones al momento. Su vida transcurre en un determinado instante: se esfuerzan por aprovechar al máximo lo que depara el día presente. Raramente viven de los recuerdos del pasado o las reflexiones sobre el futuro. No quieren perder el tiempo preocupándose por los problemas que pueda traer el mañana. Prefieren disfrutar de la vida y ocuparse de los problemas a medida que van apareciendo. Son por lo general, muy flexibles y son capaces de improvisar, por eso se desenvuelven bien en circunstancias que cambian rápidamente, que requieren una reacción inmediata ante nuevos factores y una adaptación muy rápida a la nueva situación.

Comunicación

Para los *presentadores* las conversaciones con otras personas constituyen un enorme placer, y toman la palabra con soltura cuando están en medio de un grupo. Por lo general, son unos excelentes oradores, conferenciantes y presentadores. Con su presencia aportan un ambiente agradable y amistoso y son capaces de entretener admirablemente al público. No tienen miedo a las apariciones en público y les gusta estar bajo la luz de los focos. Cuando realizan una presentación o una aparición en público aprovechan al máximo sus habilidades de interpretación, su don de improvisación y su sentido del humor.

Cuando presentan alguna tarea, objetivo o iniciativa, lo hacen de forma extraordinariamente natural y atractiva. Son capaces de despertar el entusiasmo de los oyentes, de influir en su visión del mundo y de motivarlos a actuar. Normalmente, se expresan de forma muy clara y precisa. Su estilo es concreto y directo.

Sin embargo, no les gusta expresar sus pensamientos por escrito. Prefieren decididamente la comunicación verbal y el contacto directo.

Gracias a sus excelentes habilidades interpersonales y al don de la empatía son capaces de «interpretar a las personas» y percibir sus motivos y problemas ocultos. Tienen, sin embargo, dificultades a la hora de expresar opiniones críticas y llamar la atención a los demás (por ejemplo, por un comportamiento inadecuado). Ellos mismos también soportan mal las críticas de los demás. Normalmente les cuesta aprovecharlo de forma constructiva. A menudo ven la crítica como malicia, un ataque a su persona o un intento de socavar sus valores. Al defenderse pueden tener reacciones bruscas. En tales situaciones pueden decir cosas de las que después se arrepienten.

Ante situaciones de estrés

Las tareas que requieren una concentración prolongada, una reflexión profunda, un trabajo autónomo o una planificación estratégica a largo plazo normalmente provocan en ellos incomodidad y tensiones. Suele ocurrir que sometidos a un estrés prolongado empiezan a dibujar en su mente escenarios negros, a buscar alivio en placeres sensuales o recurrir a sustancias estimulantes. Por suerte los *presentadores* también pueden relajarse de forma más constructiva, por ejemplo, haciendo deporte o pasando el tiempo con los amigos (por ejemplo, organizando fiestas o picnics, excursiones en familia). Sin duda alguna, no son de los que pasan las vacaciones leyendo libros o resolviendo pasatiempos.

Aspecto social de la personalidad

Los *presentadores* son excepcionalmente abiertos y es fácil acercarse a ellos. Tratan a todo el mundo como a viejos amigos. Incluso en un primer encuentro las personas tienen la sensación de conocerlos desde hace muchos años. Los *presentadores* son directos, y extraordinariamente flexibles; además, no son nada problemáticos o conflictivos.

¡Las personas son una parte muy importante de sus vidas! Cuidar de los demás les produce satisfacción, aunque ellos mismos también son capaces de aprovechar su ayuda. Siempre procuran que haya un buen ambiente y unas relaciones cordiales con las personas. Soportan muy mal las situaciones de conflicto e intentan evitarlas a cualquier precio. Para evitar conversaciones desagradables son propensos a «barrer los problemas bajo la alfombra» o aparentar que no los ven.

Entre amigos

Normalmente son muy abiertos y hacen de buen grado nuevas amistades. Son capaces de «descifrar» muy rápidamente a otras personas. A veces, tras unos minutos de conversación, saben con quién están tratando. Unas relaciones cordiales y amistosas con los demás son para ellos una de las cosas más importantes en la vida. Desean sinceramente la felicidad de los demás y no escatiman tiempo, energía ni dinero para ayudarles o simplemente amenizarles el tiempo. Soportan mal la soledad. Por suerte están casi siempre rodeados de personas: su optimismo, sentido del humor, cariño, empatía y sinceridad actúan como un imán sobre los demás. Las personas aprecian su compañía y comparten de buen grado con ellos sus vivencias y problemas. La confianza y la simpatía de los demás son para ellos una fuente de satisfacción y felicidad.

Los *presentadores* cuentan con las opiniones de otras personas y son por lo general, sensibles a la influencia del entorno. Son capaces de adaptarse a la situación y tomar en consideración las necesidades de los demás, aunque no dejan que se aprovechen de ellos. Normalmente tienen un gran número de amigos, aunque la mayoría de estas relaciones tiene un carácter bastante superficial. Prestan más atención a las nuevas amistades, descuidando a las más antiguas. Por lo general, solo tienen algunos amigos íntimos. Normalmente son *defensores*, *artistas*, *entusiastas* u otros *presentadores*. Más raramente, *estrategas*, *directores* y *lógicos*.

En el matrimonio

Como maridos / esposas los *presentadores* aportan a la relación ternura, energía y optimismo. No hay forma de aburrirse con ellos, ya que siempre se preocupan de que «pase algo» y garantizan a sus parejas diversas atracciones. Normalmente, en la familia desempeñan la función de «ministros de asuntos exteriores», que la representan en el exterior y son responsables de sus contactos con el mundo exterior. Suelen dar una gran importancia a los aniversarios y todo tipo de celebraciones familiares. Les gusta organizar encuentros familiares y de amigos. Desempeñan de buen grado el papel de maestro de ceremonias. Al preparar una celebración no escatiman tiempo ni dinero, algo que algunos perciben como una muestra de prodigalidad. Algunas veces esto también produce tensiones en el matrimonio: las parejas ven muchas veces necesidades más imperiosas, mientras que para los *presentadores* hay pocas cosas en la vida más importantes que la diversión con la familia y los amigos.

Los *presentadores* son por lo general, muy generosos. No calculan y no son interesados. Desean sinceramente la felicidad de sus maridos / esposas y su amor es incondicional. Suelen salir al encuentro de sus necesidades, les muestran mucha ternura y no escatiman palabras ni gestos afectuosos. Ellos mismos también necesitan cariño, cercanía y aceptación. Es fácil herirles, ya que sufren muy intensamente cualquier observación cáustica o comentario poco halagador, e incluso la indiferencia. Tratan la crítica a sus actuaciones como un ataque personal y son capaces de responder a ella con un contraataque. No les gusta tratar los asuntos difíciles y desagradables e intentan evitar a toda costa los conflictos y las discusiones.

Aman y lo dan todo de sí, sin esperar nada a cambio. Su sentimientos son muy ardientes y sensuales. Sin embargo, tienen problemas con las obligaciones a largo plazo. El juramento de fidelidad «hasta que la muerte nos separe» normalmente requiere de ellos un gran sacrificio, ya que por lo general, viven al día y no piensan en el futuro. Su necesidad de conseguir nuevas experiencias, su tendencia a los experimentos y al riesgo, así como su afición a los placeres sensuales pueden suponer una amenaza para la duración de sus matrimonios.

Los candidatos naturales a maridos / esposas de los *presentadores* son personas de tipos de personalidad afines: *defensores*, *artistas* o *protectores*. En estos matrimonios es más fácil crear una comprensión mutua y unas relaciones armoniosas. Sin embargo, la experiencia muestra que las personas pueden crear relaciones exitosas y felices también a pesar de una evidente disconformidad tipológica. Aún más, las diferencias entre los cónyuges pueden aportar dinámica a estas relaciones y ayudar al desarrollo personal (a muchas personas esta perspectiva les parece más atractiva que la visión de una relación armoniosa, en la que siempre reina el acuerdo y una plena comprensión mutua).

Como padres

Como padres los *presentadores* son muy solícitos y tiernos para con sus hijos. Son capaces de ver el mundo a través de sus ojos, por eso saben qué es aquello que más les alegra. Les proporcionan muchas atracciones, les preparan sorpresas agradables y celebran con orgullo sus éxitos (algo que para los hijos es un enorme aliento y una motivación). Pasan con ellos el tiempo de buen grado y disfrutan enormemente con las conversaciones y los juegos en común. Normalmente no les molesta el bullicio ni el revuelo. Disfrutan cuando los hijos se lo pasan bien. Se les dan perfectamente las tareas paternales prácticas y no les espantan las obligaciones familiares. Animan a los hijos a ser ellos mismos, a realizar sus propias pasiones y a aprovechar sus puntos fuertes.

Normalmente, no son padres demasiado exigentes y tienen dificultades para aplicar la disciplina en la educación (a menudo no acaban de creer en su sentido). Como resultado, sus hijos tienen a veces problemas a la hora de distinguir los comportamientos buenos de los malos y los deseables de los censurables. Normalmente, los padres *presentadores* prefieren un estilo basado en el compañerismo y son muy tolerantes, nada conflictivos e indulgentes, aunque pueden ser severos e impacientes. A sus medidas educativas a menudo les falta coherencia y consecuencia. Si el segundo progenitor no es capaz de actuar de una forma más organizada, a sus hijos les puede faltar una sensación de estabilidad, seguridad y unos principios claros sobre el orden en el mundo.

Los hijos adultos de los *presentadores* normalmente los recuerdan como padres cordiales, cariñosos y solícitos, que les proporcionaron muchas atracciones inolvidables, les garantizaron mucha libertad, les animaron a realizar sus propias pasiones y les mostraron un apoyo incondicional en los momentos difíciles.

Trabajo y carrera profesional

A los *presentadores* les gusta el movimiento, la diversidad y la variabilidad. Les atraen los trabajos que brindan la posibilidad de crear, experimentar y solucionar problemas concretos, prácticos y tangibles.

Empresas

Trabajan a gusto en empresas con una estructura plana, que garantizan a los trabajadores libertad de actuación e influencia en las decisiones que afecten al personal. Sin embargo no soportan la burocracia, la jerarquía, las tareas rutinarias y repetitivas y los procedimientos rígidos. Les fatiga escribir memorias, preparar informes y elaborar datos. Tampoco les gusta el trabajo individual. Sin embargo, son muy buenos en tareas que requieran habilidades interpersonales, ingenio, flexibilidad y capacidad de improvisación. Les gusta estar allí donde pasa algo. Se sienten a gusto en instituciones cuya actividad es útil para la sociedad y proporciona cambios tangibles y positivos en la vida de la comunidad local, el país o el mundo.

Tareas

Se implican con toda su energía en la realización de las tareas que les importan. Normalmente no les gustan las tareas de carácter conceptual. En particular, se pierden cuando no pueden referirse a experiencias similares del pasado ni pueden contar con indicaciones externas. A menudo, tienen problemas para concentrarse y prestar atención en las tareas que requieren una implicación prolongada (en particular cuando el efecto del trabajo ha sido aplazado en el tiempo o cuando el objetivo es confuso).

Se distraen fácilmente: lo que atrae más su atención son los estímulos más intensos y recientes. Les cuesta continuar las tareas iniciadas cuando aparecen en el horizonte otros proyectos nuevos y más excitantes. Trabajan con más ganas en tareas con un horizonte temporal cercano y son capaces de hacer muchos trabajos diferentes al mismo tiempo. Les satisface ser conscientes de que su actividad influye positivamente sobre la vida de las demás personas. Normalmente velan mucho por la satisfacción de los clientes, protegidos y compañeros de trabajo.

En equipo

Al trabajar en equipo, los *presentadores* valoran un ambiente sano y amistoso. Como miembros de un grupo no dan problemas y son flexibles. Velan para que nadie se sienta apartado o excluido. Hacen frente de buen grado a las necesidades de los demás, son capaces de crear compromiso y se esfuerzan por facilitar el trabajo a los demás. A menudo se convierten de forma natural en representantes del grupo, actuando como su portavoz y presentando su posición al exterior. Normalmente sienten un vínculo intenso con otros trabajadores, y muy raramente dejan pasar reuniones con colegas del trabajo o fiestas de integración. Intentan evitar los conflictos y las disputas. No entienden a las personas que buscan la confrontación, luchan por el poder y son capaces de lastimar conscientemente a sus compañeros de trabajo.

Superiores

Les gustan los superiores que ven a sus subordinados como personas y no como herramientas para la realización de objetivos. Valoran a los jefes que son tolerantes, flexibles y están abiertos a soluciones innovadoras, y saben mostrar a sus subordinados una orientación, dándoles al mismo tiempo libertad en la realización de las tareas y respetando su estilo de trabajo individual.

Cuando ellos mismos dirigen a otros, actúan de forma similar. Valoran las relaciones con los subordinados y siempre ponen a las personas en primer lugar (y no los resultados o los logros). Un problema frecuente de los *presentadores* que desempeñan puestos de dirección es, sin embargo, su excesiva indulgencia y su incapacidad para disciplinar a los miembros más flojos del equipo.

Profesiones

El conocimiento del perfil de personalidad propio y de las preferencias naturales es una ayuda inestimable a la hora de elegir la carrera profesional más conveniente. La experiencia muestra que los *presentadores* pueden trabajar con éxito y sentirse realizados en diferentes campos, aunque su tipo de personalidad los predispone de forma natural para profesiones tales como:

- actor,
- agente de seguros,
- asistente social,
- consejero,
- consultor,
- decorador de interiores,
- diseñador de moda,
- empleado de agencia de viajes,
- empleado de centro recreativo,
- empleado del departamento de personal,
- empresario,
- entrenador,
- especialista en RRPP,
- estilista,

- florista,
- fotógrafo,
- médico,
- músico,
- organizador de eventos,
- pintor,
- presentador,
- profesor,
- psicólogo,
- recepcionista,
- representante comercial,
- sanitario,
- socorrista,
- terapeuta,
- tutor,
- veterinario.

Potenciales puntos fuertes y débiles

Los *presentadores*, al igual que otros tipos de personalidad, tienen potenciales puntos fuertes y débiles. Este potencial puede ser gestionado de diferentes formas. La felicidad personal y la realización profesional de los *presentadores* dependen de si aprovechan las oportunidades relacionadas con su tipo de personalidad y de si hacen frente a las amenazas que les acechan. He aquí un RESUMEN de estas oportunidades y amenazas:

Puntos fuertes potenciales

Los *presentadores* son entusiastas, espontáneos y flexibles. Son capaces de reaccionar rápidamente a las circunstancias cambiantes y adaptarse a las nuevas condiciones. Son prácticos y aprenden muy rápido. Les gustan los experimentos, no tienen miedo al riesgo y soportan bien los cambios. Son optimistas por naturaleza, y no se dejan desanimar por las dificultades. Son capaces de disfrutar de cada día y de aprovechar cada momento. Su entusiasmo y optimismo suelen ser contagiosos e influyen positivamente sobre otras personas. Al trabajar en grupo son capaces de integrar el equipo y de crear compromiso. Respetan la libertad y la individualidad de las demás personas. Se interesan sinceramente por ellas y les importa su felicidad y su buen estado de ánimo. Las ayudan de buen grado y al mismo tiempo son capaces de aprovechar la ayuda, la experiencia y los consejos de otras personas.

Son unos excelentes observadores del mundo que les rodea y de las emociones y sentimientos humanos. En los contactos con los demás, son muy abiertos: es fácil conocerlos y ellos también «descifran» muy rápidamente a otras personas. Normalmente son unos camaradas, compañeros y oyentes deseables. Su ternura, interés sincero, optimismo y sentido del humor atraen hacia ellos a otras personas. Por lo general, son unos excelentes oradores, conferenciantes y presentadores. Tienen capacidades interpretativas naturales y un desarrollado sentido artístico y estético.

Son capaces de hablar de una forma que despierta el interés y el entusiasmo de los oyentes. Son extraordinariamente generosos y disfrutan ayudando a los demás y haciéndoles regalos. Les gusta proporcionar atracciones a los demás, preparar sorpresas y amenizarles el tiempo. Hacen frente de buen grado a sus necesidades y son capaces de adaptarse a la situación.

Puntos débiles potenciales

A los *presentadores* les cuesta ir más allá del «aquí y ahora», realizar tareas que requieran prever fenómenos futuros o aceptar privaciones y renunciar a los placeres pensando en beneficios lejanos en el tiempo. También se desorientan en el mundo de los conceptos abstractos y las teorías complejas. Para ellos, son un problema las tareas que requieren una prolongada concentración, prestar atención o bien trabajar en solitario (en particular cuando el resultado de su esfuerzo está lejos en el tiempo). Tienen tendencia a ignorar todo lo que no puede traducirse en acciones prácticas y son propensos a simplificar los problemas (a menudo a tratarlos superficialmente). Prefieren las soluciones rápidas y sencillas que no requieren una profunda reflexión. Esta actitud normalmente les permite librarse de los problemas (y utilizar su energía para cosas más agradables), aunque raramente les ayuda a comprender sus causas. Como tienen tendencia a buscar el placer, lo que les resulta agradable, la diversión y el entretenimiento, a veces no perciben la dimensión más profunda de la vida.

Los *presentadores* pueden tener dificultades para comprender una perspectiva diferente y ver una situación o un problema a través de los ojos de otras personas. A menudo, también temen las opiniones y puntos de vista que se apartan considerablemente de los suyos. Soportan mal la crítica de otras personas: la tratan como un ataque o una actitud malintencionada, y normalmente no son capaces de utilizarla de forma constructiva. A ellos mismos también les cuesta expresar opiniones críticas. Tienen tendencia a huir de los problemas y a evitar situaciones desagradables y conflictos. Se les dan mal las acciones rutinarias, monótonas y repetitivas. La gestión de las finanzas tampoco suele ser uno de sus puntos fuertes.

Desarrollo personal

El desarrollo personal de los *presentadores* depende del grado en que utilizan su potencial natural y se sobreponen a los riesgos relacionados con su tipo de personalidad. Los siguientes consejos prácticos constituyen un decálogo característico del *presentador.*

Concéntrate

Define tus prioridades e intenta acabar lo que empezaste. Concéntrate en las tareas más importantes y no dejes que te distraigan asuntos de menor importancia. Al hacer esto, evitarás la frustración y conseguirás más cosas.

Acaba lo que hayas empezado

Empiezas cosas nuevas con entusiasmo, pero te cuesta acabar lo que empezaste antes. Esta forma de actuar normalmente da resultados mediocres. Intenta establecer qué es lo más importante para ti, cómo quieres hacerlo y a continuación ¡pasa a la acción y sigue un plan!

No temas los conflictos

Al encontrarte en una situación de conflicto, no escondas la cabeza bajo la arena; en lugar de eso, expresa tu punto de vista y tus sentimientos. A menudo, los conflictos ayudan a descubrir y resolver problemas.

Actúa menos impulsivamente

Antes de tomar una decisión o implicarte en algo, dedica algo de tiempo a reunir información y analizarla, así como a valorar objetivamente la situación. Este enfoque posiblemente limitará el número de tus acciones, pero con seguridad hará que sean más efectivas.

Pregunta

No supongas que el silencio de otras personas significa indiferencia u hostilidad. Si de verdad quieres saber lo que piensan, pregúntales.

No tengas miedo a las críticas

No temas expresar tus opiniones críticas ni aceptar las críticas de otros. La crítica puede ser constructiva y no tiene por qué significar un ataque a alguien o un socavamiento de sus valores.

No dependas de la valoración de los demás

Acéptate de la misma forma en la que aceptas a los demás. No te valores a través del prisma de lo que dicen los demás sobre ti. Pueden equivocarse o no decir la verdad. Tú mismo tienes los recursos para decidir sobre tu vida.

Evita las soluciones provisionales

Ante las dificultades tienes tendencia a actuar rápidamente y buscar soluciones provisionales, o que simplemente dejan los problemas para más tarde. En tales situaciones intenta adoptar una perspectiva más amplia y dedica más tiempo a los asuntos, para no solo librarte de los problemas, sino solucionarlos de verdad.

No temas las ideas y opiniones que son diferentes a las tuyas

Antes de rechazarlas, piensa bien en ellas e intenta comprenderlas. Una actitud abierta a los puntos de vista de los demás no tiene por qué significar abandonar los propios.

Piensa que el mundo no es en blanco y negro

Intenta percibir un contexto más amplio de los problemas y procura verlos desde un ángulo diferente. Los asuntos pueden ser más complejos de lo que te parece; los problemas pueden ser provocados no solo por los demás y la razón no siempre debe estar de tu lado.

Personas conocidas

La lista de personas conocidas que se corresponden con el perfil de *presentador* incluye, entre otros, los siguientes nombres:

- **Pablo Picasso** (1881 - 1973), pintor, escultor y artista gráfico español, creador del cubismo, considerado como uno de los más eminentes artistas del siglo XX;
- **Leonard Bernstein** (1918 - 1990), compositor, pianista y director de orquesta estadounidense;
- **Gene Hackman** (n. 1930), actor estadounidense (entre otras películas, *Marea roja*), director y productor de cine, ganador de numerosos premios prestigiosos;
- **Elvis Presley** (1935 - 1977), cantante y actor de cine estadounidense, precursor del rock and roll, icono de la cultura de masas del siglo XX;
- **Al Pacino**, realmente Alfred James Pacino (n. 1940), actor de cine y teatro estadounidense de origen italiano (entre otras películas, *Pactar con el diablo*);
- **Joe Pesci**, realmente Joseph Franco Pesci (n. 1943), actor de cine estadounidense de origen italiano (entre otras películas, *Uno de los nuestros*);
- **John Goodman** (n. 1952), actor de cine estadounidense (entre otras películas, *Blues Brothers 2000*);

- **Branscombe Richmond** (n. 1955), actor de cine y televisión estadounidense (entre otras series, *Renegado);*
- **Linda Fiorentino** (n. 1958), actriz de cine estadounidense (entre otras películas, *Hombres de negro*);
- **Kevin Spacey Fowler** (n. 1959), actor de teatro y cine estadounidense (entre otras películas, *K-PAX*), director y productor;
- **Woody Harrelson** (n. 1961), actor de cine estadounidense (entre otras películas, *Bienvenidos a Sarajevo*);
- **Steve Irwin** (1962 - 2006), naturalista australiano, presentador de televisión y activista a favor de la protección del medio ambiente;
- **Dean Cain**, realmente Dean George Tanaka (n. 1966), actor de cine estadounidense (entre otras películas, *Firetrap*), productor, guionista y director;
- **Julie Bowen**, realmente Julie Bowen Luetkemeyer (n. 1970), actriz de cine estadounidense (entre otras películas, *Venus and Mars*);
- **Josh Hartnett** (n. 1978), actor de cine estadounidense (entre otras películas, *Black Hawk derribado*).

16 tipos de personalidad de forma breve

Administrador (ESTJ)

Lema vital: *¡Hagamos esa tarea!*

Trabajador, responsable y extraordinariamente leal. Enérgico y decidido. Valora el orden, la estabilidad, la seguridad y las reglas claras. Objetivo y concreto. Lógico, racional y práctico. Es capaz de asimilar una gran cantidad de información detallada.

Organizador perfecto. No tolera la ineficiencia, el despilfarro ni la pereza. Fiel a sus convicciones y directo en los contactos. Presenta sus puntos de vista de forma decidida y expresa abiertamente opiniones críticas, por lo que en ocasiones hiere inconscientemente a otras personas.

Tendencias naturales del *administrador*:

- Fuente de energía vital: mundo exterior.
- Asimilación de información: sentidos.

- Toma de decisiones: razón.
- Estilo de vida: organizado.

Tipos de personalidad similares:

- *Animador*
- *Inspector*
- *Pragmático*

Datos estadísticos:

- Los *administradores* constituyen el 10-13% de la sociedad.
- Entre los *administradores* predominan los hombres (60%).
- Un país que se corresponde con el perfil del *administrador* son los Estados Unidos[2].

Código literal:

El código literal universal del *administrador* en las tipologías de personalidad de Jung es ESTJ.

Más:

Jarosław Jankowski
Tu tipo de personalidad: Administrador (ESTJ)

---

[2] Esto no quiere decir que todos los habitantes de los EE. UU. pertenezcan a este tipo de personalidad, sino que la sociedad estadounidense, en su conjunto, tiene muchas características del *administrador*.

Animador (ESTP)

Lema vital: *¡Hagamos algo!*

Enérgico, activo y emprendedor. Le gusta la compañía de otros y sabe pasárselo bien y disfrutar del momento presente. Es espontáneo, flexible y suele estar abierto a los cambios.

Es entusiasta inspirador e iniciador, suele motivar a los demás a actuar. Lógico, racional y extraordinariamente pragmático. Realista. Le aburren las ideas abstractas y las reflexiones sobre el futuro. Procura solucionar los problemas concretos e inmediatos que se le presentan, pero a menudo también tiene dificultades con la organización y la planificación. Suele ser impulsivo. Suele ocurrir que primero actúa y luego piensa.

Tendencias naturales del *animador*:

- Fuente de energía vital: mundo exterior.
- Asimilación de información: sentidos.
- Toma de decisiones: razón.
- Estilo de vida: espontáneo.

Tipos de personalidad similares:

- *Administrador*
- *Pragmático*
- *Inspector*

Datos estadísticos:

- Los *animadores* constituyen el 6-10% de la sociedad.

- Entre los *animadores* predominan los hombres (60%).
- El país que se corresponde con el perfil de *animador* es Australia.

Código literal:

El código literal universal del *animador* en las tipologías de personalidad de Jung es ESTP.

Más:

Jarosław Jankowski
Tu tipo de personalidad: Animador (ESTP)

Artista (ISFP)

Lema vital: *¡Creemos algo!*

Sensible, creativo y original. Tiene un gran sentido de la estética y capacidades artísticas naturales. Independiente, se guía por su propia escala de valores y no cede ante la presión. Optimista y con una actitud positiva hacia la vida; es capaz de disfrutar del momento.

Disfruta ayudando a los demás. Le aburren las teorías abstractas; prefiere crear la realidad que hablar de ella. Sin embargo, le resulta más fácil empezar cosas nuevas que acabar las empezadas antes. Suele tener dificultades para expresar sus propios deseos y necesidades.

Tendencias naturales del *artista*:

- Fuente de energía vital: mundo interior.
- Asimilación de información: sentidos.

- Toma de decisiones: corazón.
- Estilo de vida: espontáneo.

Tipos de personalidad similares:

- *Protector*
- *Presentador*
- *Defensor*

Datos estadísticos:

- Los *artistas* constituyen el 6-9% de la población.
- Entre los *artistas* predominan las mujeres (60%).
- El país que se corresponde con el perfil de *artista* es China.

Código literal:

El código literal universal del *artista* en las tipologías de personalidad de Jung es ISFP.

Más:

Jarosław Jankowski
Tu tipo de personalidad: Artista (ISFP)

Consejero (ENFJ)

Lema vital: *Mis amigos son mi mundo.*

Optimista, entusiasta y gracioso. Amable, sabe actuar con tacto. Tiene el extraordinario don de la empatía y disfruta actuando de forma desinteresada a favor de los demás. Es capaz de influir en sus vidas: inspira, descubre en ellos el potencial oculto que tienen y suscita confianza en sus propias fuerzas. Irradia ternura y atrae a las demás personas. A menudo las ayuda a resolver sus problemas personales.

Suele ser crédulo, aunque un poco ingenuo, y tiene tendencia a ver el mundo de color de rosa. Concentrado en los demás, a menudo se olvida de sus propias necesidades.

Tendencias naturales del *consejero*:

- Fuente de energía vital: mundo exterior.
- Asimilación de información: intuición.
- Toma de decisiones: corazón.
- Estilo de vida: organizado.

Tipos de personalidad similares:

- *Entusiasta*
- *Mentor*
- *Idealista*

Datos estadísticos:

- Los *consejeros* constituyen el 3-5% de la población.
- Entre los *consejeros* predominan claramente las mujeres (80%).
- El país que se corresponde con el perfil de *consejero* es Francia.

Código literal:

El código literal universal del *consejero* en las tipologías de personalidad de Jung es ENFJ.

Más:

Jarosław Jankowski
Tu tipo de personalidad: Consejero (ENFJ)

Defensor (ESFJ)

Lema vital: *¿Cómo puedo ayudarte?*

Entusiasta, enérgico y bien organizado. Práctico, responsable, concienzudo. Cordial y extraordinariamente sociable.

Percibe los sentimientos humanos, las emociones y necesidades. Valora la armonía. Soporta mal la crítica y los conflictos. Es sensible a todas las manifestaciones de injusticia y protesta cuando ve que lastiman a otras personas. Se interesa sinceramente por los problemas de los demás y siente una verdadera alegría al ayudarlos. Al velar por sus necesidades a menudo desatiende las suyas propias. Tiene tendencia a hacer por los demás cosas que ellos mismos deberían hacer. Suele ser susceptible a la manipulación.

Tendencias naturales del *defensor*:

- Fuente de energía vital: mundo exterior.
- Asimilación de información: sentidos.
- Toma de decisiones: corazón.
- Estilo de vida: organizado.

Tipos de personalidad similares:

- Presentador
- Protector
- Artista

Datos estadísticos:

- Los *defensores* constituyen el 10-13% de la población.
- Entre los *defensores* predominan claramente las mujeres (70%).
- El país que se corresponde con el perfil de *defensor* es Canadá.

Código literal:

El código literal universal del *defensor* en las tipologías de personalidad de Jung es ESFJ.

Más:

Jarosław Jankowski
Tu tipo de personalidad: Defensor (ESFJ)

Director (ENTJ)

Lema vital: *Os diré lo que hay que hacer.*

Independiente, activo y decidido. Racional, lógico y creativo. Percibe un contexto más amplio de los problemas analizados y es capaz de prever las futuras consecuencias de las acciones humanas. Se caracteriza por el optimismo y un sensato sentido de su propio valor. Es capaz de transformar conceptos teóricos en planes de actuación concretos y prácticos.

Visionario, mentor y organizador. Tiene unas capacidades de liderazgo innatas. Su fuerte personalidad, su criticismo y su estilo directo a menudo intimidan a los demás y provocan problemas en sus relaciones interpersonales.

Tendencias naturales del *director*:

- Fuente de energía vital: mundo exterior.
- Asimilación de información: intuición.
- Toma de decisiones: razón.
- Estilo de vida: organizado.

Tipos de personalidad similares:

- *Innovador*
- *Estratega*
- *Lógico*

Datos estadísticos:

- Los *directores* constituyen el 2-5% de la población.
- Entre los *directores* predominan claramente los hombres (70%).
- El país que se corresponde con el perfil de *director* es Holanda.

Código literal:

El código literal universal del *director* en las tipologías de personalidad de Jung es ENTJ.

Más:

Jarosław Jankowski
Tu tipo de personalidad: Director (ENTJ)

Entusiasta (ENFP)

Lema vital: *¡Podemos hacerlo!*

Enérgico, entusiasta y optimista. Es capaz de disfrutar de la vida y piensa a largo plazo. Dinámico, ingenioso y creativo. Le gustan las personas y aprecia las relaciones sinceras y auténticas. Cálido, cordial y emocional. Soporta mal la crítica. Tiene el don de la empatía y percibe las necesidades, los sentimientos y los motivos de los demás. Los inspira y los contagia con su entusiasmo.

Le gusta estar en el centro de los acontecimientos. Es flexible y capaz de improvisar. Es propenso a tener ocurrencias idealistas. Se distrae con facilidad y tiene problemas para llevar los asuntos hasta el final.

Tendencias naturales del *entusiasta*:

- Fuente de energía vital: mundo exterior.
- Asimilación de información: intuición.
- Toma de decisiones: corazón.
- Estilo de vida: espontáneo.

Tipos de personalidad similares:

- *Consejero*
- *Idealista*
- *Mentor*

Datos estadísticos:

- Los *entusiastas* constituyen el 5-8% de la población.

- Entre los *entusiastas* predominan las mujeres (60%).
- El país que se corresponde con el perfil de *entusiasta* es Italia.

Código literal:

El código literal universal del *entusiasta* en las tipologías de personalidad de Jung es ENFP.

Más:

Jarosław Jankowski
Tu tipo de personalidad: Entusiasta (ENFP)

Estratega (INTJ)

Lema vital: *Esto puede perfeccionarse.*

Independiente, marcado individualismo, con una enorme cantidad de energía interna. Creativo e ingenioso. Visto por los demás como competente y seguro de sí mismo y, a la vez, como distante y enigmático. Mira cada asunto desde una perspectiva amplia. Desea perfeccionar y ordenar el mundo que le rodea.

Bien organizado, responsable, crítico y exigente. Es difícil sacarlo de sus casillas, pero también es difícil satisfacerlo totalmente. Por lo general, tiene problemas para interpretar los sentimientos y emociones de otras personas.

Tendencias naturales del *estratega*:

- Fuente de energía vital: mundo interior.
- Asimilación de información: intuición.

- Toma de decisiones: razón.
- Estilo de vida: organizado.

Tipos de personalidad similares:

- *Lógico*
- *Director*
- *Innovador*

Datos estadísticos:

- Los *estrategas* constituyen el 1-2% de la población.
- Entre los *estrategas* predominan claramente los hombres (80%).
- El país que se corresponde con el perfil de *estratega* es Finlandia.

Código literal:

El código literal universal del *estratega* en las tipologías de personalidad de Jung es INTJ.

Más:

Jarosław Jankowski
Tu tipo de personalidad: Estratega (INTJ)

Idealista (INFP)

Lema vital: *Se puede vivir de otra manera.*

Sensible, leal, creativo. Desea vivir según los valores que profesa. Muestra interés por la realidad espiritual y ahonda en los secretos de la vida. Suele conmoverse por los problemas del mundo y está abierto a las necesidades de otras personas. Valora la armonía y el equilibrio.

Romántico: es capaz de demostrar amor, pero él mismo también necesita cariño y afecto. Interpreta perfectamente los motivos y sentimientos de otras personas. Crea relaciones sanas, profundas y duraderas. En situaciones de conflicto lo pasa mal, no sabe qué hacer. No resiste el estrés y la crítica.

Tendencias naturales del *idealista*:

- Fuente de energía vital: mundo interior.
- Asimilación de información: intuición.
- Toma de decisiones: corazón.
- Estilo de vida: espontáneo.

Tipos de personalidad similares:

- *Mentor*
- *Entusiasta*
- *Consejero*

Datos estadísticos:

- Los *idealistas* constituyen el 1-4% de la población.
- Entre los *idealistas* predominan las mujeres (60%).
- El país que se corresponde con el perfil de *idealista* es Tailandia.

Código literal:

El código literal universal del *idealista* en las tipologías de personalidad de Jung es INFP.

Más:

Jarosław Jankowski
Tu tipo de personalidad: Idealista (INFP)

Innovador (ENTP)

Lema vital: *Y si probamos a hacerlo de otra forma...*

Ingenioso, original e independiente. Optimista. Enérgico y emprendedor. Persona de acción: le gusta estar en el centro de los acontecimientos y resolver «problemas irresolubles». Tiene curiosidad por el mundo, y es propenso al riesgo y suele ser impaciente. Visionario, abierto a nuevas ideas y ocurrencias. Le gustan las nuevas experiencias y los experimentos. Percibe las relaciones entre acontecimientos concretos y piensa a largo plazo.

Espontáneo, comunicativo y seguro de sí mismo. Propenso a sobrevalorar sus propias posibilidades. Tiene problemas para llevar los asuntos hasta el final.

Tendencias naturales del *innovador*:

- Fuente de energía vital: mundo exterior.
- Asimilación de información: intuición.
- Toma de decisiones: razón.
- Estilo de vida: espontáneo.

Tipos de personalidad similares:

- *Director*
- *Lógico*
- *Estratega*

Datos estadísticos:

- Los *innovadores* constituyen el 3-5% de la población.
- Entre los *innovadores* predominan claramente los hombres (70%).
- El país que se corresponde con el perfil de *innovador* es Israel.

Código literal:

El código literal universal del *innovador* en las tipologías de personalidad de Jung es ENTP.

Más:

Jarosław Jankowski
Tu tipo de personalidad: Innovador (ENTP)

Inspector (ISTJ)

Lema vital: *Primero las obligaciones.*

Una persona con la que siempre se puede contar. Educado, puntual, cumplidor, concienzudo, responsable: «persona de confianza». Analítico, metódico, sistemático y lógico. Los otros lo ven como reservado, frío y serio. Aprecia la tranquilidad, la estabilidad y el orden. No le gustan los cambios. En cambio, le gustan los principios claros y las reglas concretas.

Trabajador y perseverante, es capaz de llevar los asuntos hasta el final. Perfeccionista. Quiere controlarlo todo. Parco en elogios. No aprecia el valor de los sentimientos y las emociones de otras personas.

Tendencias naturales del *inspector*:

- Fuente de energía vital: mundo interior.
- Asimilación de información: sentidos.
- Toma de decisiones: razón.
- Estilo de vida: organizado.

Tipos de personalidad similares:

- *Pragmático*
- *Administrador*
- *Animador*

Datos estadísticos:

- Los *inspectores* constituyen el 6-10% de la población.
- Entre los *inspectores* predominan los hombres (60%).
- El país que se corresponde con el perfil de *inspector* es Suiza.

Código literal:

El código literal universal del *inspector* en las tipologías de personalidad de Jung es ISTJ.

Más:

Jarosław Jankowski
Tu tipo de personalidad: Inspector (ISTJ)

Lógico (INTP)

Lema vital: *Lo más importante es conocer la verdad acerca del mundo.*

Original, ingenioso y creativo. Le gusta resolver problemas de índole teórica. Analítico, brillante y con una actitud entusiasta hacia las nuevas ideas. Es capaz de relacionar fenómenos concretos y deducir de ellos principios generales y teorías. Lógico, preciso e indagador. Percibe rápidamente los síntomas de incoherencia e inconsecuencia.

Independiente y escéptico ante las soluciones y autoridades establecidas. Tolerante y abierto a los nuevos retos. Se suele quedar absorto en sus reflexiones, a veces pierde el contacto con el mundo exterior.

Tendencias naturales del *lógico*:

- Fuente de energía vital: mundo interior.
- Asimilación de información: intuición.
- Toma de decisiones: razón.
- Estilo de vida: espontáneo.

Tipos de personalidad similares:

- *Estratega*
- *Innovador*
- *Director*

Datos estadísticos:

- Los *lógicos* constituyen el 2-3% de la población.

- Entre los *lógicos* predominan claramente los hombres (80%).
- El país que se corresponde con el perfil de *lógico* es la India.

Código literal:

El código literal universal del *lógico* en las tipologías de personalidad de Jung es INTP.

Más:

Jarosław Jankowski
Tu tipo de personalidad: Lógico (INTP)

Mentor (INFJ)

Lema vital: *¡El mundo puede ser mejor!*

Creativo, sensible, adelantado a su tiempo, capaz de ver las posibilidades que los demás no ven. Idealista y visionario orientado a la ayuda a las personas. Concienzudo, responsable y al mismo tiempo amable, solícito y amistoso. Se esfuerza por entender los mecanismos que rigen el mundo y trata de ver los problemas desde una perspectiva más amplia.

Excelente oyente y observador. Se caracteriza por una extraordinaria empatía, por su intuición y la confianza en las personas. Es capaz de interpretar los sentimientos y las emociones. Soporta mal la crítica y las situaciones de conflicto. Puede parecer enigmático.

Tendencias naturales del *mentor*:

- Fuente de energía vital: mundo interior.
- Asimilación de información: intuición.
- Toma de decisiones: corazón.
- Estilo de vida: organizado.

Tipos de personalidad similares:

- *Idealista*
- *Consejero*
- *Entusiasta*

Datos estadísticos:

- Los *mentores* constituyen aproximadamente el 1% de la población y son el tipo de personalidad menos frecuente.
- Entre los *mentores* predominan claramente las mujeres (80%).
- El país que se corresponde con el perfil de *mentor* es Noruega.

Código literal:

El código literal universal del *mentor* en las tipologías de personalidad de Jung es INFJ.

Más:

Jarosław Jankowski
Tu tipo de personalidad: Mentor (INFJ)

Pragmático (ISTP)

Lema vital: *Los actos son más importantes que las palabras.*

Optimista, espontáneo y con una actitud positiva hacia la vida. Comedido e independiente. Fiel a sus propias convicciones y escéptico ante las normas y principios externos. Le aburren las teorías y las reflexiones sobre el futuro.

Prefiere actuar y solucionar problemas concretos y tangibles.

Se adapta bien a los nuevos lugares y situaciones. Le gustan los nuevos retos y el riesgo. Es capaz de mantener la sangre fría ante las amenazas y los peligros. Su taciturnidad y su extrema sobriedad a la hora de expresar opiniones hace que suela ser indescifrable para los demás.

Tendencias naturales del *pragmático*:

- Fuente de energía vital: mundo interior.
- Asimilación de información: sentidos.
- Toma de decisiones: razón.
- Estilo de vida: espontáneo.

Tipos de personalidad similares:

- *Inspector*
- *Animador*
- *Administrador*

Datos estadísticos:

- Los *pragmáticos* constituyen el 6-9% de la población.

- Entre los *pragmáticos* predominan los hombres (60%).
- El país que se corresponde con el perfil de *pragmático* es Singapur.

Código literal:

El código literal universal del *pragmático* en las tipologías de personalidad de Jung es ISTP.

Más:

Jarosław Jankowski
Tu tipo de personalidad: Pragmático (ISTP)

Presentador (ESFP)

Lema vital: *¡Hoy es el momento perfecto!*

Optimista, enérgico y abierto a las personas. Es capaz de disfrutar de la vida y pasarlo bien. Práctico y al mismo tiempo flexible y espontáneo. Le gustan los cambios y las nuevas experiencias. Soporta mal la soledad, el estancamiento y la rutina. Se siente bien estando en el centro de atención.

Tiene unas capacidades interpretativas naturales y es capaz de hablar de una forma que despierta el interés y el entusiasmo de los oyentes. Al concentrarse en el día de hoy, a veces pierde de vista los objetivos a largo plazo. Suele tener problemas a la hora de prever las consecuencias de sus actos.

Tendencias naturales del *presentador*:

- Fuente de energía vital: mundo exterior.
- Asimilación de información: sentidos.
- Toma de decisiones: corazón.
- Estilo de vida: espontáneo.

Tipos de personalidad similares:

- *Defensor*
- *Artista*
- *Protector*

Datos estadísticos:

- Los *presentadores* constituyen el 8 -13% de la población.
- Entre los *presentadores* predominan las mujeres (60%).
- El país que se corresponde con el perfil de *presentador* es Brasil.

Código literal:

El código literal universal del *presentador* en las tipologías de personalidad de Jung es ESFP.

Más:

Jarosław Jankowski
Tu tipo de personalidad: Presentador (ESFP)

Protector (ISFJ)

Lema vital: *Me importa tu felicidad.*

Sincero, tierno, modesto, digno de confianza y extraordinariamente leal. Pone en primer lugar a los demás: percibe sus necesidades y desea ayudarles. Práctico, bien organizado y responsable. Paciente, trabajador y perseverante: es capaz de llevar los asuntos hasta el final.

Observa y recuerda los detalles. Valora mucho la tranquilidad, la estabilidad y las relaciones amistosas con los demás. Es capaz de tender puentes entre las personas. Soporta mal los conflictos y la crítica. Tiene un fuerte sentido de la responsabilidad y siempre está dispuesto a ayudar. Los demás suelen aprovecharse de él.

Tendencias naturales del *protector*:

- Fuente de energía vital: mundo interior.
- Asimilación de información: sentidos.
- Toma de decisiones: corazón.
- Estilo de vida: organizado.

Tipos de personalidad similares:

- *Artista*
- *Defensor*
- *Presentador*

Datos estadísticos:

- Los *protectores* constituyen el 8-12% de la población.

- Entre los *protectores* predominan claramente las mujeres (70%).
- El país que se corresponde con el perfil de *protector* es Suecia.

Código literal:

El código literal universal del *protector* en las tipologías de personalidad de Jung es ISFJ.

Más:

Jarosław Jankowski
Tu tipo de personalidad: Protector (ISFJ)

Apéndice

Las cuatro tendencias naturales

1. Fuente de energía vital dominante

    o   MUNDO EXTERIOR
        Personas que obtienen energía del
        exterior, que necesitan actividad y
        contacto con los demás. Soportan mal
        la soledad prolongada.

    o   MUNDO INTERIOR
        Personas que obtienen energía del
        mundo interior, que necesitan silencio
        y soledad. Se sienten agotados cuando
        están mucho tiempo en medio de un
        grupo.

2. Forma dominante de asimilación de la información

   o SENTIDOS
Personas que dependen de los cinco sentidos. Les convencen los hechos y las pruebas. Les gustan los métodos comprobados y las tareas prácticas y concretas. Son realistas y se basan en la experiencia.

   o INTUICIÓN
Personas que dependen de un sexto sentido, que se guían por los presentimientos. Les gustan las soluciones innovadoras y los problemas de índole teórica. Se caracterizan por su enfoque creativo de las tareas y por su capacidad de previsión.

3. Forma de toma de decisiones dominante

   o RAZÓN
Personas que se guían por la lógica y los principios objetivos. Críticos y directos a la hora de expresar sus opiniones.

   o CORAZÓN
Personas que se guían por los sentimientos y los valores. Anhelan la armonía y necesitan estar bien con los demás.

4. Estilo de vida dominante

   o ORGANIZADO
   Personas concienzudas y organizadas.
   Valoran el orden, son personas a
   quienes les gusta actuar según un plan.

   o ESPONTÁNEO
   Personas espontáneas, que valoran la
   libertad. Disfrutan del momento y se
   encuentran a gusto en situaciones
   nuevas.

Porcentaje orientativo de los diferentes tipos de personalidad en la población

Tipo de personalidad:	Porcentaje:
Administrador (ESTJ):	10 – 13%
Animador (ESTP):	6 – 10%
Artista (ISFP):	6 – 9%
Consejero (ENFJ):	3 – 5 %
Defensor (ESFJ):	10 – 13%
Director (ENTJ):	2 – 5%
Entusiasta (ENFP):	5 – 8%
Estratega (INTJ):	1 – 2%
Idealista (INFP):	1 – 4%
Innovador (ENTP):	3 – 5%
Inspector (ISTJ):	6 – 10%
Lógico (INTP):	2 – 3%
Mentor (INFJ):	aprox. 1%
Pragmático (ISTP):	6 – 9%
Presentador (ESFP):	8 – 13%
Protector (ISFJ):	8 – 12%

Porcentaje orientativo de mujeres y hombres entre las personas con un determinado tipo de personalidad

Tipo de personalidad:	Mujere/ hombres:
Administrador (ESTJ):	40% / 60%
Animador (ESTP):	40% / 60%
Artista (ISFP):	60% / 40%
Consejero (ENFJ):	80% / 20%
Defensor (ESFJ):	70% / 30%
Director (ENTJ):	30% / 70%
Entusiasta (ENFP):	60% / 40%
Estratega (INTJ):	20% / 80%
Idealista (INFP):	60% / 40%
Innovador (ENTP):	30% / 70%
Inspector (ISTJ):	40% / 60%
Lógico (INTP):	20% / 80%
Mentor (INFJ):	80% / 20%
Pragmático (ISTP):	40% / 60%
Presentador (ESFP):	60% / 40%
Protector (ISFJ):	70% / 30%

Bibliografía

- Arraj James, *Tracking the Elusive Human, Volume 2: An Advanced Guide to the Typological Worlds of C. G. Jung, W.H. Sheldon, Their Integration, and the Biochemical Typology of the Future*, Inner Growth Books, 1990.

- Arraj Tyra, Arraj James, *Tracking the Elusive Human, Volume 1: A Practical Guide to C.G. Jung's Psychological Types, W.H. Sheldon's Body and Temperament Types and Their Integration*, Inner Growth Books, 1988.

- Berens Linda V., Cooper Sue A., Ernst Linda K., Martin Charles R., Myers Steve, Nardi Dario, Pearman Roger R., Segal Marci, Smith Melissa A., *Quick Guide to the 16 Personality Types in Organizations: Understanding Personality Differences in the Workplace*, Telos Publications, 2002.

- Geier John G., Downey E. Dorothy, *Energetics of Personality*, Aristos Publishing House, 1989.

- Hunsaker Phillip L., Alessandra J. Anthony, *The Art of Managing People*, Simon and Schuster, 1986.

- Jung Carl Gustav, *Tipos psicológicos*, Trotta, 2013.

- Kise Jane A. G., Stark David, Krebs Hirsch Sandra, *LifeKeys: Discover Who You Are*, Bethany House, 2005.

- Kroeger Otto, Thuesen Janet, *Type Talk or How to Determine Your Personality Type and Change Your Life*, Delacorte Press, 1988.

- Lawrence Gordon, *Looking at Type and Learning Styles*, Center for Applications of Psychological Type, 1997.

- Lawrence Gordon, *People Types and Tiger Stripes*, Center for Applications of Psychological Type, 1993.

- Maddi Salvatore R., Personality Theories: *A Comparative Analysis*, Waveland, 2001.

- Martin Charles R., *Looking at Type: The Fundamentals Using Psychological Type To Understand and Appreciate Ourselves and Others*, Center for Applications of Psychological Type, 2001.

- Meier C.A., *Personality: The Individuation Process in the Light of C. G. Jung's Typology*, Daimon Verlag, 2007.

- Pearman Roger R., Albritton Sarah, *I'm Not Crazy, I'm Just Not You: The Real Meaning of the Sixteen Personality Types*, Davies-Black Publishing, 1997.

- Segal Marci, *Creativity and Personality Type: Tools for Understanding and Inspiring the Many Voices of Creativity*, Telos Publications, 2001.

- Sharp Daryl, *Personality Type: Jung's Model of Typology*, Inner City Books, 1987. Spoto Angelo, Jung's Typology in Perspective, Chiron Publications, 1995.

- Tannen Deborah, *Tú no me entiendes*, Círculo de lectores, 1992.

- Thomas Jay C., Segal Daniel L., *Comprehensive Handbook of Personality and Psychopathology*, Personality and Everyday Functioning, Wiley, 2005.

- Thomson Lenore, *Personality Type: An Owner's Manual*, Shambhala, 1998.

- Tieger Paul D., Barron-Tieger Barbara, *Just Your Type: Create the Relationship You've Always Wanted Using the Secrets of Personality Type*, Little, Brown and Company, 2000.

- Von Franz Marie-Louise, Hillman James, *Lectures on Jung's Typology*, Continuum International Publishing Group, 1971.

www.ingramcontent.com/pod-product-compliance
Lightning Source LLC
Chambersburg PA
CBHW031208020426
42333CB00013B/838